Inhalt

Mitarbeiterschulungen

Kernthesen

Beitrag

Fallbeispiele

Weiterführende Literatur

Impressum

GENIOS WirtschaftsWissen Nr. 01/2003 vom 08.01.2003

Mitarbeiterschulungen

M.Reiner

Kernthesen

- Statt Weiterbildungskosten zu sparen bietet es sich für Unternehmen an, gerade in Krisenzeiten die schwache Auftragslage zu nutzen, um die Mitarbeiter für die Zukunft auszubilden. (1)
- So können Unternehmer im kommenden Aufschwung die Qualifikation ihrer Mitarbeiter nutzen und das Risiko vermeiden, den Anschluss in Entwicklung, Forschung und Technik zu verlieren. (4)
- Damit die Mitarbeiter bei Schulungen ihre Lernziele auch erreichen, müssen regelmäßige Überprüfungen der Seminare durchgeführt und die Lernziele objektiv kontrolliert werden. (7), (8), (11), (13)

Beitrag

Für den Erfolg eines Unternehmens sind vor allem seine Mitarbeiter entscheidend. Dennoch sparen viele Unternehmen gerade in Krisenzeiten an ihrem Human Capital und kürzen Ausgaben für Weiterentwicklungen und Schulungen. Dabei hat erst kürzlich wieder eine Studie belegt: erfolgreiche Unternehmen haben höher qualifizierte Führungskräfte und bieten ihren Mitarbeitern effektive Schulungen sowie Aus- und Weiterbildungsmöglichkeiten an. (1)

Beruflicher Ausbildungsmarkt

Rund 17 Milliarden Euro gaben Unternehmen aus dem produzierenden Gewerbe, der Bauwirtschaft und dem Dienstleistungssektor im Jahr 2001 für die berufliche Weiterbildung ihrer Mitarbeiter aus. (18)

Dennoch klagen die Weiterbildungsinstitute, dass die Budgets der Unternehmen für die Weiterbildung ihrer Mitarbeiter wegen der wirtschaftlichen Krise auf ein Minimum reduziert wurden. Zum ersten Mal seit sechs Jahren konnte die Branche kein Wachstum verzeichnen.

Wozu berufliche Weiterbildung?

Erfolgreiche Unternehmer wissen, wie wichtig ein gut geschultes Personal ist. Kontinuierlich ausgebildete Mitarbeiter sind besser in der Lage, sowohl effektive Leistungen als auch eine bessere Arbeits- und Produktqualität zu erzielen. Wer in Krisenzeiten auf eine Weiterbildung verzichtet, geht das Risiko ein, dass Mitarbeiter nicht auf dem neuesten Stand sind und das Unternehmen im Aufschwung den Anschluss verliert. (4)

Möglichkeiten der Weiterbildung

Externe Schulungen

Grundsätzlich gibt es zwei Möglichkeiten der Fortbildung von Mitarbeitern. Gängig sind externe Schulungen außer Haus, in denen die Mitarbeiter Vorträge, Fachmessen oder sonstige Veranstaltungen besuchen. Laut einer Umfrage dauern externe Schulungen im Durchschnitt 34 Stunden. (18)

Unter externen Schulungen sind vor allem klassische Seminare zur Betriebswirtschaft, Zeitmanagement,

Verkauf, Führung usw. gefragt.
Brancheninsider sehen allerdings einen Trend zu außergewöhnlichen Weiterbildungen, wie etwa Organisations- oder Managementaufstellungen oder Strategieseminare mit Legosteinen. (3), (6)

Aus Kostengründen verzichten jedoch inzwischen viele Unternehmer auf derartige Fortbildungen. Wer trotz der schwierigen wirtschaftlichen Lage auch weiterhin in die Weiterbildung seiner Mitarbeiter investieren will, hat die Möglichkeit, die Ausbildung in die eigenen vier Wände zu verlegen.

Sparen mit Inhouse Seminaren

Mehr als zwei Drittel der Fortbildungen im Jahr 2001 fanden nach Angaben der Weiterbildungsstudie des deutschen Instituts für Wirtschaft in internen firmenspezifischen Lehrgängen, sogenannten Inhouse Seminaren, statt. (18)

Indem ein Trainer in das Unternehmen geholt wird, sparen sich die Firmen nicht nur Reise- und Unterbringungskosten, sondern haben auch die Möglichkeit, viele Mitarbeiter auf einmal zu schulen. Der Zeitaufwand mit durchschnittlich 14 Stunden liegt hier deutlich niedriger als bei den externen Schulungen. (18), (3)

Inhouse Schulungen bieten sich vor allem dann an, wenn es um betriebsspezifische Probleme geht. Das Erlernte kann dann am Arbeitsplatz direkt umgesetzt werden.

Um optimale Lernerfolge zu erzielen, sollten Unternehmer ihre Anforderungen an die Veranstalter klar kommunizieren und im Vorfeld eine umfassende Beratung einholen. (4)

Kein Nutzen ohne Bewertung

Schulungen erweisen sich nur dann als nützlich, wenn die Mitarbeiter die neuen Kenntnisse im Unternehmen auch anwenden können. Dies kann jedoch nur mit einer systematischen Bewertung der Seminare festgestellt werden.

Eine Studie hat ergeben, dass über 50 Prozent der befragten Unternehmen die Lernerfolge ihrer Mitarbeiter nicht objektiv überprüfen. Auf diese Weise wird immer wieder Geld nutzlos in Seminare investiert. (7), (13)

In vielen Fällen setzen Firmen nur einzelne Elemente der Kontrollmaßnahmen ein. Darunter fallen beispielsweise ein Soll-Ist Vergleich, die Ermittlung des Trainingsbedarfs oder die Auswahl der Schulungsthemen. (8)

Unternehmer sollten außerdem die Schulungen ihrer Mitarbeiter dokumentieren. Nur bei regelmäßiger Fortbildung ist ein aktuelles Fachwissen garantiert. (13)

Fallbeispiele

Um ihre Mitarbeiter zu schulen, gibt die Boston Consulting Group ihren Angestellten die Möglichkeit, sich von der Arbeit freistellen zu lassen und in einem MBA-Programm weiterzubilden. Die Schulung kann je nach Voraussetzung entweder durch ein leistungsbezogenes Sponsorship oder durch das Ansparen von Gehalt finanziert werden. (12)

Ab März 2003 wird für Consulter, die keine spezielle Ausbildung in diesem Bereich absolviert haben, der Lehrgang ?Consulting Upgrade? angeboten. Praktizierende Berater oder Berufsumsteiger können sich in Deutschland, Österreich und der Schweiz für die Weiterbildung bewerben. (14)

In Wien bieten derzeit zwei Veranstalter Strategie-Workshops mit Lego-Steinen an. In den Seminaren sollen Manager unterschiedlichster Branchen strategisches Geschick entwickeln bzw. ihr Unternehmen und die Kollegen besser kennen lernen. (6)

Eine Studie der Medienakademie Köln hat ergeben, dass nur 50 Prozent der befragten Unternehmen die Qualität der Seminare kontrollieren und überprüfen, ob Lernziele erreicht wurden. (7)

Der Pharmakonzern Merck KgaA stellt für Mitarbeiterschulungen jährlich 12 Millionen Euro bereit. Damit soll das Unternehmen auf den globalen Märkten wettbewerbsfähig bleiben. Ein vierstufiges modulares Weiterbildungsprogramm soll dazu dienen, dass alle Mitarbeiter, vom Top-Manager bis zum Facharbeiter, das richtige Angebot für sich finden und sie jederzeit einsteigen können. (9)

Die Postbank Systems gibt jedes Jahr circa sieben Millionen Euro für die Weiterbildung ihrer Mitarbeiter aus. Um messen zu können, ob Mitarbeiter das Gelernte tatsächlich im Unternehmen anwenden können, soll in diesem Jahr ein professionelles Bildungs-Controlling eingeführt werden. (10)

E-Learning kann nur dann als Schulungsinstrument sinnvoll eingesetzt werden, wenn die Firmen ihre Mitarbeiter ausreichend über den Nutzen und die Möglichkeiten der Weiterbildung informieren. (11)

Ob mit Schulungen im 8-Wochen-Rhythmus, Freundlichkeits-Seminaren oder Spezialkursen über Frische und Convenience: die Inhaber von Lebensmittelmärkten finden zahlreiche Möglichkeiten, um die Mitarbeiter zu schulen und die Kunden bei Laune zu halten.

Mit einem speziellen Fahrtraining für die Mitarbeiter kann der Kraftstoffverbrauch im Fuhrpark enorm verringert werden. Wer die Tipps zum Spritsparen anwendet, kann so bis zu 25 Prozent der Kosten für Benzin einsparen.

Unternehmen, die den Weiterbildungsstand ihrer Mitarbeiter genau dokumentieren wollen, haben die Möglichkeit, sich eine maßgeschneiderte Seminarverwaltungssoftware anfertigen zu lassen. Damit kann beispielsweise leicht festgestellt werden, ob sich die Sicherheits- und Umweltbeauftragten auf dem aktuellen Wissensstand befinden. In der Lebensmittelindustrie z.B., die ständigen Kontrollen unterliegt und die den Stand ihrer Zertifizierungen nachweisen muss, können so auf Knopfdruck den behördlichen Inspektoren Informationen bereitgestellt werden. (13)

Es gibt eine Vielzahl von Instituten, die Workshops und Kurse zu Management- und Organisationsaufstellungen durchführen. (17)

Weil nach Meinung der Oö. Bauwirtschaftsgesellschaft schlecht ausgebildete Mitarbeiter Geld kosten, wird jetzt vorrangig auf die Mitarbeiterqualifikation gesetzt. Damit erhoffen sich die 31 Unternehmen Wettbewerbsvorteile in der hart umkämpften Branche. (16)

In welchem Umfang Unternehmen die Methoden der Weiterentwicklung ihrer Mitarbeiter bewerten und wie sie ihre Schulungen organisieren, wurde in einer Online-Umfrage zum Thema Bildungs-Controlling recherchiert. (8)

Eine längere Auszeit von der Arbeit ist gerade in Krisenzeiten ein sinnvolles Instrument, um Entlassungen zu vermeiden. Nutzen Angestellte diese Freistellung für eine Weiterbildung, profitieren davon sowohl der Arbeitgeber als auch der Angestellte. Neben vorteilhaften steuerrechtlichen Aspekten steigert der Arbeitnehmer dadurch seinen Wert für das Unternehmen und ist fit für die Anforderungen in besseren Zeiten. (12)

Um seinen Beschäftigten ausreichendes Fachwissen zu vermitteln, hat der Wellpappmaschinenhersteller BHS Corrugated aus Weiherhammer ein eigenes Schulungszentrum errichtet. Darüber hinaus bietet das Unternehmen verschiedene Workshops an, in denen 14 Trainer aus unterschiedlichen Ländern Interessenten in den Bereichen Prozess-/Verfahrenstechnik, Elektrotechnik/Elektronik und Mechanik an 10 Arbeitstagen weiterbilden. (2)

Weiterführende Literatur

(1) Erfolgsfaktor Mitarbeiter, Süddeutsche Zeitung, Ausgabe Deutschland vom 04.12.2002, Seite 24
aus ifo Schnelldienst, Heft 18/2002, S. 14-20

(2) Architektonischer Kontrapunkt
aus PAPIER+FOLIEN Nr. 11/12 vom 05.12.2002 Seite 043

(3) Für Seminare wird Euro zwei Mal umgedreht Inhouse-Seminare liegen im Trend, weil Kosten sparend beliebig viele Mitarbeiter geschult werden können
aus WirtschaftsBlatt, 16.11.2002, Nr. 1750, S. A27

(4) Inhouse-Schulung spart Wege, Kölner Stadtanzeiger vom 13.11.2002
aus WirtschaftsBlatt, 16.11.2002, Nr. 1750, S. A27

(5) Jetzt: Personalentwicklung für Ältere
aus wirtschaft & weiterbildung, Heft 11-12/2002, S. 6

(6) Seminaranbieter bauen auf Workshops mit Lego-Steinen Strategie-Seminar von emotion banking: Positive Resonanz der Teilnehmer - Expansion in Osteuropa geplant
aus WirtschaftsBlatt, 25.10.2002, Nr. 1736, S. A35

(7) Medienakademie Köln befragte 850 Unternehmen. Mitarbeiterentwicklung findet oft ohne System statt, Computerwoche Nr. 46 vom 15.11.2002, Seite 45
aus WirtschaftsBlatt, 25.10.2002, Nr. 1736, S. A35

(8) Online-Umfrage zum Thema Bildungs-Controlling. Fortbildung bewerten, um sie zu verbessern, Computerwoche Nr. 40 vom 04.10.2002, Seite 44
aus WirtschaftsBlatt, 25.10.2002, Nr. 1736, S. A35

(9) Auch Manager drücken wieder die Schulbank Das Weiterbildungsprogramm bei Merck richtet sich an alle Mitarbeiter
aus Frankfurter Rundschau v. 22.11.2002, S.44, Ausgabe: R Region

(10) Nachgefragt: Der Wissenstransfer ist schwer zu messen, Computerwoche Nr. 40 vom 04.10.2002, Seite 44
aus Frankfurter Rundschau v. 22.11.2002, S.44, Ausgabe: R Region

(11) Bitte nicht stören
aus CYbiz Nr. 12 vom 27.11.2002 Seite 018

(12) Längere Auszeit vom Job muss erkämpft werden
Mit Hilfe der Bildungskarenz kann ein Arbeitnehmer
seinen Wert für das Unternehmen steigern
aus WirtschaftsBlatt, 23.11.2002, Nr. 1755, S. A26

(13) Bildungsstand transparent machen
aus wirtschaft & weiterbildung, Heft 11-12/2002, S. 40

(14) Consulter sollen ab März die Schulbank drücken
Viele Berater bringen nicht die Erfahrung mit, die
erwartet wird, kritisiert FH-Professor Rupert
Hasenzagl
aus WirtschaftsBlatt, 09.11.2002, Nr. 1745, S. A32

(15) Gulnerits, Kathrin, Chefs bekommen letzten
Vortrags-Schliff. Manager only, lautet die Devise
beim Privatissimum, WirtschaftsBlatt Nr. 1775 vom
21.12.2002, Seite A23
aus WirtschaftsBlatt, 09.11.2002, Nr. 1745, S. A32

(16) Chefs bekommen letzten Vortrags-Schliff
Manager only, lautet die Devise beim Privatissimum
aus WirtschaftsBlatt, 21.12.2002, Nr. 1775, S. A23

(17) Gulnerits, Kathrin, Aufstellungen: Ausprobieren
lohnt sich. Internationales Symposium für
Managementaufstellungen, WirtschaftsBlatt Nr. 1727
vom 12.10.2002, Seite A33
aus WirtschaftsBlatt, 21.12.2002, Nr. 1775, S. A23

(18) Aufstellungen: Ausprobieren lohnt sich
Internationales Symposium für
Managementaufstellungen
aus WirtschaftsBlatt, 12.10.2002, Nr. 1727, S. A33

Impressum

Mitarbeiterschulungen

Bibliografische Information der deutschen Nationalbibliothek

Die Deutsche Nationalbibliothek verzeichnet diese Publikation in der deutschen Nationalbibliografie; detaillierte bibliografische Daten sind im Internet über http://dnb.d-nb.de abrufbar.

ISBN: 978-3-7379-1007-1

© 2015 GBI-Genios Deutsche Wirtschaftsdatenbank GmbH, Freischützstraße 96, 81927 München, www.genios.de

Alle Rechte vorbehalten. Dieses Werk ist einschließlich aller seiner Teile – z.B. Texte, Tabellen und Grafiken - urheberrechtlich geschützt. Jede Verwertung außerhalb der Grenzen des Urheberrechtsgesetzes bedarf der vorherigen Zustimmung des Verlags. Dies gilt insbesondere auch für auszugsweise Nachdrucke, fotomechanische Vervielfältigungen (Fotokopie/Mikroskopie), Übersetzungen, Auswertungen durch Datenbanken oder ähnliche Einrichtungen und die Einspeicherung und Verarbeitung in elektronischen Systemen.